समुद्री जीवन

AF504707

आयुष राज

Copyright © Ayush Raj
All Rights Reserved.

ISBN 979-888521370-7

This book has been published with all efforts taken to make the material error-free after the consent of the author. However, the author and the publisher do not assume and hereby disclaim any liability to any party for any loss, damage, or disruption caused by errors or omissions, whether such errors or omissions result from negligence, accident, or any other cause.

While every effort has been made to avoid any mistake or omission, this publication is being sold on the condition and understanding that neither the author nor the publishers or printers would be liable in any manner to any person by reason of any mistake or omission in this publication or for any action taken or omitted to be taken or advice rendered or accepted on the basis of this work. For any defect in printing or binding the publishers will be liable only to replace the defective copy by another copy of this work then available.

सागर की लहरें

गीत मधुर गाती ये सागर की लहरें,
वायु संग बहती ये सागर की लहरें.

जब अपनी मस्ती में खाती हैं हिलौरें,
तट को छू जाती हैं ये सागर की लहरें.

सीपी के मुख में जब बन ओस हैं गिरती,
मोती बन जाती हैं ये सागर की लहरें.

मूल्यवान निधियों को गोदी में समेटे,
किनारे लाती हैं ये सागर की लहरें.

पूनम का चंदा है, जब उन पे मुस्काता,
हलचल से भरती हैं ये सागर की लहरें.

कष्ट झेलते चाहे, नाविक हों जितना भी,
सहना सिखलाती हैं ये सागर की लहरें.

-आयुष राज

क्रम-सूची

प्रस्तावना

जल-थल का है मोती,
मनु नहीं जलाता इसकी ज्योति |
जीवन चाहो तो बचालो,
स्वदेशी अब इसको ठहरालो ||
स्वप्न हो जायेगी ये खुशहाली,
क्यों चाहते हो ये बदहाली |
अब तो मानो यह अमृत जल,
स्वदेशी अब इसको ठहरालो ||
जल से जीवन का सुन्दर पल,
शाम-सुबह होता इसका उत्कल |
वित्त से नहीं मनोवृत्त से बचालो,
स्वदेशी अब इसको ठहरालो ||
कितना सुन्दर है इसका सूर,
नदियों में शुभ दिन छल-छल |
ध्यान दो इस पर पल दो पल,
स्वदेशी अब इसको ठहरालो ||
इस पर नहीं जो ध्यान दिया,
दुश्परिणामों में है नाम किया |
जीवन को अब तुम सवांर लो,
स्वदेशी अब इसको ठहरालो ||

-आयुष राज

भूमिका

'समुंदर' शब्द को सुनते ही मन में हलचल सी हो जाती है। हज़ारों सालों से लोग इसके रहस्यों को जानने में लगे हैं लेकिन 'समुंदर' अपने गर्भ में न जाने क्या-क्या समेटे हुए है। इश्क़ का रूहानी एहसास समुंदर, ख्वाब और दरिया जैसे शब्दों के साथ और गहरा हो जाता है। शायरों के लिए 'समुंदर' या 'सागर' बड़े बिंब और प्रतीक के रूप में उभरते हैं। आज हम पाठकों के लिए पेश कर रहे हैं 'समुंदर' पर शायरों के अल्फ़ाज-

-आयुष राज

पावती (स्वीकृति)

अमर उजाला 'हिंदी हैं हम' शब्द श्रृंखला में आज का शब्द है- गूढ़, जिसका अर्थ है- छिपा हुआ या जिसका आशय समझना कठिन हो। प्रस्तुत है शमशेर बहादुर सिंह की कविता- कहाँ किया मैंने प्रेम अभी चुका भी हूँ मैं नहीं कहाँ किया मैंने प्रेम अभी। जब करूँगा प्रेम पिघल उठेंगे युगों के भूधर उफन उठेंगे सात सागर। किंतु मैं हूँ मौन आज कहाँ सजे मैंने साज अभी।

आमुख

ना शिकवा करो ना शिकायत करो मेरी जान तुम सिर्फ मोहब्बत करो गम ए जिंदगी से बचा कर रखूंगा मेरी जान तुम मुझपे यकीन करो । ना शिकवा करो.... मोहब्बत को अपने ना रुसवा करूंगा मोहब्बत को अपने झुकने न दूंगा। तुम्हें दिल में अपने हमेशा रखूंगा। गम ए जिंदगी से बचा कर रखूंगा मेरी जान मुझपे यकीन तुम करो ना शिकवा करो............. गम हो खुशी हो सब बांट लूंगा मोहब्बत से दामन मैं भर दूंगा। मेरी जान तुम मुझपे भरोसा करोगी तुम्हे प्यार ऐसा मैं दिल से दूंगा तेरे होंठों की मैं हंसी बन जाऊंगा। ज़माने की हर मैं खुशी तुमको दूंगा। मेरी जान मुझपे यकीन तुम करो ना शिकवा करो....। ज़माने की नजरों से छुपा के रखूंगा। तुम्हें जी भर के मोहब्बत करूंगा। लहू बन के तुम मेरी रगों में रहोगी। मेरी जीवन संगिनी तुम्ही बनोगी। सितारों से तेरी मांग मै भरूंगा जी भर के प्यार में तोफा में दूंगा। की ज़माने की हर मै खुशी तुमको दूंगा। मेरी जान मुझपे यकीन तुम करो ना शिकवा करो ना शिकायत करो मेरी जान सिर्फ़ तुम मोहब्बत करो ना शिकवा करो....।

अध्याय1

ना शिकवा करो ना शिकायत करो मेरी जान तुम सिर्फ मोहब्बत करो गम ए जिंदगी से बचा कर रखूंगा मेरी जान तुम मुझपे यकीन करो । ना शिकवा करो.... मोहब्बत को अपने ना रुसवा करूंगा मोहब्बत को अपने झुकने न दूंगा। तुम्हें दिल में अपने हमेशा रखूंगा। गम ए जिंदगी से बचा कर रखूंगा मेरी जान मुझपे यकीन तुम करो ना शिकवा करो.............. गम हो खुशी हो सब बांट लूंगा मोहब्बत से दामन मैं भर दूंगा। मेरी जान तुम मुझपे भरोसा करोगी तुम्हे प्यार ऐसा मैं दिल से दूंगा तेरे होंठों की मैं हंसी बन जाऊंगा। ज़माने की हर मैं खुशी तुमको दूंगा। मेरी जान मुझपे यकीन तुम करो ना शिकवा करो....। ज़माने की नजरों से छुपा के रखूंगा। तुम्हें जी भर के मोहब्बत करूंगा। लहू बन के तुम मेरी रगों में रहोगी। मेरी जीवन संगिनी तुम्ही बनोगी। सितारों से तेरी मांग मै भरूंगा जी भर के प्यार में तोफा में दूंगा। की ज़माने की हर मै खुशी तुमको दूंगा। मेरी जान मुझपे यकीन तुम करो ना शिकवा करो ना शिकायत करो मेरी जान सिर्फ़ तुम मोहब्बत करो ना शिकवा करो....।

ना शिकवा करो ना शिकायत करो मेरी जान तुम सिर्फ मोहब्बत करो गम ए जिंदगी से बचा कर रखूंगा मेरी जान तुम मुझपे यकीन करो । ना शिकवा करो.... मोहब्बत को अपने ना रुसवा करूंगा मोहब्बत को अपने झुकने न दूंगा। तुम्हें दिल में अपने हमेशा रखूंगा। गम ए जिंदगी से बचा कर रखूंगा मेरी जान मूझपे यकीन तुम करो ना शिकवा करो............. गम हो खुशी हो सब बांट लूंगा मोहब्बत से दामन मैं भर दूंगा। मेरी जान तुम मुझपे भरोसा करोगी तुम्हे प्यार ऐसा मैं दिल से दूंगा तेरे होंठों की मैं हंसी बन जाऊंगा। ज़माने की हर मैं खुशी तुमको दूंगा। मेरी जान मुझपे यकीन तुम करो ना शिकवा करो....। ज़माने की नजरों से छुपा के रखूंगा। तुम्हें जी भर के मोहब्बत करूंगा। लहू बन के तुम मेरी रगों में रहोगी। मेरी जीवन संगिनी तुम्ही बनोगी। सितारों से तेरी मांग मै भरूंगा जी भर के प्यार में तोफा में दूंगा। की ज़माने की हर मै खुशी तुमको दूंगा। मेरी जान मुझपे यकीन तुम करो ना शिकवा करो ना शिकायत करो मेरी जान सिर्फ तुम मोहब्बत करो ना शिकवा करो....।

ना शिकवा करो ना शिकायत करो मेरी जान तुम सिर्फ मोहब्बत करो गम ए जिंदगी से बचा कर रखूंगा मेरी जान तुम मुझपे यकीन करो । ना शिकवा करो.... मोहब्बत को अपने ना रुसवा करूंगा मोहब्बत को अपने झुकने न दूंगा। तुम्हें दिल में अपने हमेशा रखूंगा। गम ए जिंदगी से बचा कर रखूंगा मेरी जान मूझपे यकीन तुम करो ना शिकवा करो.............. गम हो खुशी हो सब बांट लूंगा मोहब्बत से दामन मैं भर दूंगा। मेरी जान तुम मुझपे भरोसा करोगी तुम्हे प्यार ऐसा मैं दिल से दूंगा तेरे होंठों की मैं हंसी बन जाऊंगा। ज़माने की हर मैं खुशी तुमको दूंगा। मेरी जान मुझपे यकीन तुम करो ना शिकवा करो....। ज़माने की नजरों से छुपा के रखूंगा। तुम्हें जी भर के मोहब्बत करूंगा। लहू बन के तुम मेरी रगों में रहोगी। मेरी जीवन संगिनी तुम्ही बनोगी। सितारों से तेरी मांग मै भरूंगा जी भर के प्यार में तोफा में दूंगा। की ज़माने की हर मै खुशी तुमको दूंगा। मेरी जान मुझपे यकीन तुम करो ना शिकवा करो ना शिकायत करो मेरी जान सिर्फ़ तुम मोहब्बत करो ना शिकवा करो....।

ना शिकवा करो ना शिकायत करो मेरी जान तुम सिर्फ मोहब्बत करो गम ए जिंदगी से बचा कर रखूंगा मेरी जान तुम मुझपे यकीन करो । ना शिकवा करो.... मोहब्बत को अपने ना रुसवा करूंगा मोहब्बत को अपने झुकने न दूंगा। तुम्हें दिल में अपने हमेशा रखूंगा। गम ए जिंदगी से बचा कर रखूंगा मेरी जान मूझपे यकीन तुम करो ना शिकवा करो.............. गम हो खुशी हो सब बांट लूंगा मोहब्बत से दामन मैं भर दूंगा। मेरी जान तुम मुझपे भरोसा करोगी तुम्हे प्यार ऐसा मैं दिल से दूंगा तेरे होंठों की मैं हंसी बन जाऊंगा। ज़माने की हर मैं खुशी तुमको दूंगा। मेरी जान मुझपे यकीन तुम करो ना शिकवा करो....। ज़माने की नजरों से छुपा के रखूंगा। तुम्हें जी भर के मोहब्बत करूंगा। लहू बन के तुम मेरी रगों में रहोगी। मेरी जीवन संगिनी तुम्ही बनोगी। सितारों से तेरी मांग मै भरूंगा जी भर के प्यार में तोफा में दूंगा। की ज़माने की हर मै खुशी तुमको दूंगा। मेरी जान मुझपे यकीन तुम करो ना शिकवा करो ना शिकायत करो मेरी जान सिर्फ़ तुम मोहब्बत करो ना शिकवा करो....।

www.ingramcontent.com/pod-product-compliance
Lightning Source LLC
Chambersburg PA
CBHW072147150726
48002CB00004B/1671